Savoir Préparer
LES
CHAMPIGNONS

Savoir Préparer
LES CHAMPIGNONS

Idées Recettes

©copyright 1984,
Créalivres,
12 rue Chabanais, 75002 Paris.

Texte de Patrice Dard
Photographies de Jean-François Amann

N° d'éditeur : C 144
N° ISBN pour la collection : 2-86721-010-5
N° ISBN pour le présent volume : 2-86721-024-X

Dépôt légal : Paris, 4ᵉ trimestre 1984.

Diffusion exclusive en Belgique pour la langue française :
Daphné Diffusion à Gent.

Diffusion exclusive au Canada pour la langue française :
Albert Soussan Inc. à Montréal.

Table

SAVOIR PRÉPARER
LES CHAMPIGNONS

Les champignons suscitent en général deux types de réaction : la gourmandise ou l'inquiétude.

Il est vrai qu'un champignon de grande renommée tel que la *truffe*, le *cèpe* ou la *morille* peut être considéré comme un monument de la gastronomie. Mais il est tout aussi évident qu'un champignon vénéneux peut se révéler dangereux, voire mortel, à l'image de la redoutable *amanite phalloïde*.

C'est dire qu'il convient effectivement d'accorder la plus grande attention aux champignons lorsqu'on les cueille soi-même ou s'ils n'ont pas été ramassés par un spécialiste.

L'ouvrage que nous vous présentons ici, même s'il a été réalisé par un mycologue averti, n'a rien à voir avec un livre scientifique et se bornera à étudier l'aspect culinaire des champignons les plus délicieux et, en particulier, de ceux que l'on trouve le plus aisément dans le commerce, qu'ils soient frais, séchés ou en conserve.

La valeur nutritive des champignons a longtemps été contestée mais il est désormais certain qu'ils sont riches en protéines, en sels minéraux et en vitamines. Ils demeurent pourtant assez peu caloriques et conviennent bien à une alimentation légère, à condition de les consommer dans un parfait état de fraîcheur et en quantité raisonnable.

Mais c'est essentiellement leur extraordinaire subtilité de goût et la finesse de leur texture qui les placent dans les sommets de la hiérarchie gastronomique.

Comme les autres légumes, la plupart des champignons peuvent être dégustés en accompagnement d'une viande, d'une volaille, d'un gibier ou d'un poisson. Nous allons plutôt nous intéresser à leur utilisation en tant que matière première et denrée vedette.

Chaque recette indique clairement le temps de préparation, celui de cuisson ainsi que les quantités nécessaires.

Chaque opération est détaillée sans qu'il faille se reporter à une autre page du livre. Les recettes se terminent par un conseil d'utilisation et par une suggestion de vin d'accompagnement.

Les photos, toutes originales et en couleur, qui illustrent les recettes donnent une idée de présentation.

La collection d'idées-recettes vous permettra de varier facilement vos menus et d'être tous les jours le cordon-bleu que l'on compliment.

LES MEILLEURS CHAMPIGNONS COMESTIBLES

Même s'il est coutume d'affirmer que les goûts ne se discutent pas, mycologues et gastronomes s'accordent à reconnaître que la valeur gustative des champignons varie d'une espèce à l'autre.

Vous trouverez à la page suivante un tableau des meilleures espèces comestibles, ainsi que des principaux renseignements utiles les concernant.

Sur la photo, l'un des champignons les plus exquis : la *morille*.

Espèce	Qualité	Saison	Habitat
Oronge	excellente	été-automne	bois
Morille	excellente	printemps	prés et bois
Mousseron de la St-Georges	excellente	printemps	prés
Truffe noire	excellente	hiver	sous terre
Cèpe (bolet)	excellente	été-automne	pâtures et bois
Rosé des prés (psalliote)	excellente	automne	prés
Champignon de Paris	très bonne	toutes	champignon-nières
Coprin chevelu	très bonne	été-automne	jardins
Truffe blanche	très bonne	hiver	sous terre
Chanterelle (girolle)	très bonne	été-automne	bois
Pied de mouton	bonne	été-automne	bois
Pleurote	bonne	toutes	bois
Pholiote du peuplier	bonne	toutes	bois
Lactaire sanguin	bonne	automne	bois
Faux mousseron (marasme)	bonne	du printemps à l'automne	prés
Trompette-des-morts	bonne	automne	bois

Fréquentation	Peut se manger cru	Peut être séché	Se trouve en conserves	Observations
assez rare	oui	non	non	sur les marchés du Midi
assez commune	non	oui	oui	de nombreuses variétés
commune	non	non	non	odeur de farine
assez rare	oui	non	oui	cultivée
commune	oui	oui	oui	de nombreuses variétés
très commune	oui	non	non	à ceuillir soi-même
très commune	oui	non	oui	cultivé partout
commune	oui	non	non	consommer les sujets très jeunes
assez rare	oui	non	oui	vient du Piémont
très commune	oui	oui	oui	plusieurs variétés
commune	oui	non	oui	sur les marchés
très commune	non	non	non	cultivé
commune	non	non	non	cultivée parfois
assez commune	non	non	non	dans le Midi
très commune	non	oui	oui	en ronds de sorcière
très commune	non	oui	oui	excellent condiment

Nota: les oreilles de Judas, champignons noirs des Japonais, les lentinus, champignons parfumés des Chinois ainsi que les volvaires volvacées sont d'assez bons champignons que l'on trouve séchés ou en conserve assez facilement dans le commerce, de même que plusieurs variétés de tricholomes (jaunets, grisets, etc.). Cette liste de champignons est loin d'être exhaustive et nous nous sommes contentés de nommer les champignons les plus fréquents et les plus réputés.

Les russules, les lactaires, les hydnes, les clitocybes, les tricholomes, les lépiotes, les hygrophores, les armillaires, les amanites, les clavaires, les lycoperdons et les polypores renferment de bons champignons comestibles, mais aussi parfois des champignons toxiques. Il faut donc être sûr de son fait avant de les ramasser et de les consommer.

BEURRE DE CHAMPIGNONS

Pour 10 personnes
Préparation 15 mn

100 g de champignons de Paris,
100 g de cèpes,
50 g de chanterelles,
50 g de pleurotes,
1 jus de citron,
2 gousses d'ail,
1 échalote,
1 bouquet de persil,
250 g de beurre ramolli,
sel et poivre, selon le goût.

Le beurre de champignons : recette très simple à réaliser en 15 mn.

Nettoyez les champignons sans les laver mais en raclant la terre des pieds avec un couteau et en frottant les chapeaux avec une brosse douce. Blanchissez 5 mn les pleurotes à l'eau salée. Egouttez-les.

Hachez finement les champignons et mélangez-les entre eux.

Placez-les dans un mortier.

Ajoutez le jus de citron, les gousses d'ail et l'échalote hachées, le persil ciselé, du sel et du poivre, en fonction de votre goût. Ce beurre de champignons demande toutefois à être bien relevé.

Incorporez le beurre ramolli en parcelles de 50 g et malaxez jusqu'à obtenir une pommade assez lisse.

Garnissez des beurriers avec cette mixture et mettez au réfrigérateur pendant quelques heures.

Ce beurre de champignons sera délectable dans un plat de pâtes ou de riz, sur un poisson ou une viande grillée, ou encore pour tartiner des mouillettes à tremper dans un œuf à la coque.

Servir avec un vin s'accommodant au plat principal, mais de préférence un vin rouge léger et frais.

SAUCE AUX CÈPES

Pour 4 personnes
Préparation 5 mn - Cuisson 20 mn

Le jus d'une boîte 4/4 de cèpes (ou bolets),
2 petits cèpes de la boîte,
100 g de crème fraîche,
1/2 jus de citron,
2 cuillerées à soupe de jus de tomates,
1 brin de ciboulette,
sel et poivre de Cayenne, selon le goût.

La sauce aux cèpes : recette très simple à réaliser en 25 mn.

SAUCE AUX CÈPES

Lorque vous utilisez des cèpes en boîte, il est fort dommage de les égoutter au-dessus de l'évier et de perdre ainsi leur jus de conservation. Egouttez-les plutôt au-dessus d'un bol.

Prélevez 2 petits cèpes et réservez-les dans leur jus, au réfrigérateur. Lorsque vous vous serez régalés de vos cèpes préparés selon l'une de nos recettes, vous aurez encore la possibilité de vous délecter d'un mets accommodé avec une délicieuse sauce aux cèpes.

Versez le jus dans une casserole. Tranchez finement les 2 petits cèpes que vous avez réservés et mettez-les dans la casserole.

Placez sur feu doux, à découvert, et laissez réduire le jus de moitié.

A ce moment, ajoutez le jus de citron, le jus de tomates, la crème fraîche, la ciboulette ciselée, le sel et le poivre de Cayenne, selon votre goût.

Laissez encore cuire à feu très doux pendant 10 mn jusqu'à obtention d'une belle onctuosité.

Rectifiez l'assaisonnement et réservez dans une boîte isotherme au réfrigérateur. Vous pourrez conserver cette sauce 3 jours dans ces conditions. Réchauffez lors de l'utilisation.

Un régal pour napper un poisson, un poulet ou des œufs au jambon sur le plat.

Servir avec un vin rosé de Provence bien frais.

COULIS DE MORILLES

Pour 6 personnes
Préparation 15 mn - Trempage des morilles 2 h - Cuisson 25 mn

50 g de morilles séchées,
100 g de champignons de Paris,
100 g de crème fraîche,
1 cuillerée à soupe de concentré de tomates,
1 cuillerée à café de vinaigre de Xérès,
sel et poivre, selon le goût.

Le coulis de morilles : recette simple à réaliser en 40 mn, temps de trempage des morilles non compris.

COULIS DE MORILLES

Une côte de veau aux morilles est certainement l'un des plus grands plats de la gastronomie française. Vous en trouverez la recette aux pages 79 et 80. Hélas ! Notre bourse n'est pas toujours disposée à se délier largement et lorsque l'on est nombreux à table, le problème se complique encore. Voici la recette d'un coulis de morilles savoureux bien que peu onéreux.

Faites tremper les morilles séchées pendant 2 heures dans de l'eau à peine dégourdie. Au bout de ce temps, elles se sont réhydratées et ont considérablement augmenté de volume. Jetez l'eau de trempage qui pourrait se révéler indigeste.

Egouttez les morilles et mettez-les encore humides dans une casserole, sur feu très doux.

Lavez et découpez en lamelles les champignons de Paris. Ajoutez-les à la préparation.

Incorporez la crème fraîche, le concentré de tomates et le vinaigre. Salez et poivrez selon votre goût.

Couvrez la casserole et laissez mijoter très doucement pendant encore 20 mn. Passez alors au mixer et utilisez immédiatement ou plus tard, si vous prenez la peine de conserver ce coulis dans une boîte isotherme au réfrigérateur.

Une suggestion : faites dorer des ailerons de poulets et présentez-les nappés de ce coulis. Vous réaliserez un plat élégant, au goût sublime et qui vous reviendra moins cher que des steaks ordinaires.

Servir avec un beaujolais ou un bourgogne rouge léger.

DUXELLES SAUVAGE

Pour 8 personnes
Préparation 10 mn - Cuisson 20 mn

400 g de champignons sauvages frais assortis,
(lépiotes, bolets, tricholomes, marasmes, armillaires etc.,
en fonction de votre cueillette ou du marché),
1 oignon,
1 échalote,
2 gousses d'ail,
1 brin de persil,
quelques feuilles de menthe fraîche,
50 g de beurre,
2 verres de vin blanc sec,
sel, poivre et paprika, selon le goût.

La duxelles sauvage : recette simple à réaliser en 30 mn.

DUXELLES SAUVAGE

Nettoyez soigneusement les champignons, de préférence sans les laver.

Coupez-les en tous petits dés.

Hachez l'oignon, l'échalote et l'ail.

Dans une casserole, sur feu doux, faites fondre le beurre et versez-y le hachis d'oignon, d'échalote et d'ail jusqu'à ce qu'il blondisse.

Incorporez alors les champignons. Ajoutez le persil et la menthe finement ciselés. Versez le vin blanc.

Salez, poivrez et épicez au paprika, le tout très modérément car la préparation devant réduire, son assaisonnement va se concentrer.

Laissez donc réduire sur feu doux jusqu'à ce que le vin blanc se soit évaporé et que la mixture soit tombée à glace, ce qui prendra environ 20 mn à très petits frémissements.

Réservez au réfrigérateur ou utilisez immédiatement pour donner de la saveur à une sauce blanche, pour accompagner un poisson, une volaille, du veau, des œufs ou même un plat de pâtes.

Additionnée de crème fraîche, cette duxelles fournit un excellent apprêt pour les pommes de terre cuites à l'eau ou à la vapeur.

———————

Servir avec le blanc de la sauce, très frais, comme il se doit.

FARCE AUX CHAMPIGNONS

Pour 10 personnes
Préparation 20 mn

300 g de champignons assortis
(champignons de Paris,
girolles, cèpes, pieds de
mouton, etc.), selon votre
marché ou votre cueillette,
1 tranche de jambon d'York
(ou de Paris),
1 fine tranche de lard fumé,
2 oignons,
3 gousses d'ail,
2 carottes,

1/4 poivron rouge,
1 brin de persil,
3 feuilles de basilic,
1 brin de ciboulette,
6 feuilles d'estragon,
1 jus de citron,
1 cuillerée à café de cognac,
1 verre à liqueur de noilly,
200 g de crème fraîche,
sel, poivre et noix muscade
râpée, selon le goût.

La farce aux champignons : recette simple à réaliser en 20 mn, sans tenir compte du temps de cuisson qui est naturellement fonction de l'aliment farci.

FARCE AUX CHAMPIGNONS

Nettoyez les champignons.

Grattez les carottes. Pelez les oignons et les gousses d'ail.

Découpez le jambon et le lard en très fine julienne, puis tranchez encore cette julienne en cubes minuscules.

Hachez les champignons, les carottes, le poivron, les oignons et l'ail.

Ciselez le persil, le basilic, la ciboulette et l'estragon.

Mélangez tous les ingrédients dans un saladier.

Ajoutez le jus de citron, le cognac, le noilly et la crème fraîche.

Assaisonnez avec du sel, du poivre et de la noix muscade rapée, en fonction de votre goût. Cette farce demande en général à être assez relevée.

Farce légère, savoureuse et originale qui remplacera très avantageusement la chair à saucisses dans tous vos plats farcis tels que les tomates ou une épaule d'agneau roulée.

Servir avec un vin rouge de Loire, un bourgueil par exemple.

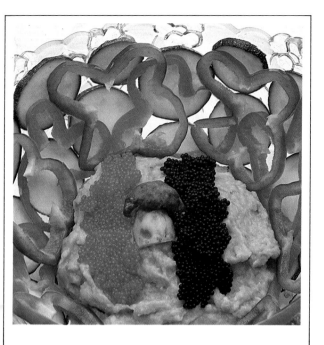

CAVIAR DE BOLETS

Pour 8/10 personnes
Préparation 20 mn - Cuisson 10 mn

1 boîte 4/4 de bolets,
3 petits oignons frais,
2 gousses d'ail,
1 jus de citron,
4 feuilles de sauge (ou de menthe),
50 g d'œufs de lump,
sel, poivre, selon le goût,
6 cuillerées à soupe d'huile d'olive.

Le caviar de bolets : recette assez simple à réaliser en 30 mn.

CAVIAR DE BOLETS

Inutile, pour cette recette, de choisir des cèpes de Bordeaux (edulis) qui sont très coûteux. Des bolets de second ordre conviendront très bien, comme le bolet jaune (luteus) que l'on trouve assez facilement dans les rayons d'épicerie.

Egouttez les champignons. Réservez le jus pour confectionner éventuellement une sauce aux cèpes comme indiqué aux pages 15 et 16.

Faites chauffer 1 cuillerée à soupe d'huile d'olive à feu doux dans une casserole. Mettez-y les champignons égouttés ainsi que les oignons, l'ail et les feuilles de sauge. Laissez cuire 10 mn.

Versez alors le jus de citron. Laissez refroidir et passez le tout au mixer.

Ajoutez l'huile d'olive en fouettant comme pour une mayonnaise.

Incorporez délicatement les œufs de lump.

Assaisonnez selon votre goût avec du poivre et du sel, mais en tenant compte de la salinité des œufs de lump.

Réservez au frais et servez en amuse-gueule ou en hors-d'œuvre avec des tranches de pain grillé.

———————

Servir avec un rosé de Corse très frais.

CHAMPIGNONS DE PARIS À LA GRECQUE

Pour 6 personnes
Préparation 10 mn - Marinade 12 h - Cuisson 20 mn

800 g de champignons
de Paris,
150 g de petits oignons blancs,
3 gousses d'ail,
3 cuillerées à soupe
de vinaigre blanc,
1 jus de citron,
1 cuillerée à café de grains
de coriandre,

1 verre de jus de tomates,
1 verre d'huile d'olive,
1 cuillerée à soupe de
sucre roux en poudre,
sel, paprika et poivre
de Cayenne, selon le goût,
1 cuillerée à soupe de graines
de sésame,
2 brins de cerfeuil.

Les champignons de Paris à la grecque : recette simple à réaliser en 30 mn, temps de marinade non compris.

CHAMPIGNONS DE PARIS À LA GRECQUE

Choisissez des champignons d'assez petite taille que vous n'aurez pas à couper. Lavez-les rapidement. Séchez-les et placez-les dans une terrine en compagnie des petits oignons blancs.

Ajoutez les gousses d'ail hachées, les grains de coriandre et les graines de sésame.

Mélangez le jus de citron, le vinaigre, le jus de tomates et le sucre. Versez sur les champignons. Ajoutez l'huile d'olive.

Salez, poivrez au Cayenne et saupoudrez de paprika.

Laissez mariner 12 h au frais, recouvert d'un linge.

Versez alors en casserole et sur feu moyen, laissez cuire 20 mn. Lorsque la marinade est réduite et qu'elle compose une sauce onctueuse, rectifiez l'assaisonnement.

Versez dans le plat de service. Laissez refroidir et mettez au réfrigérateur jusqu'au moment de consommer. Parsemez de pluches de cerfeuil juste avant de déguster.

Une recette classique, parfumée et économique.

Servir avec un vin blanc du Midi, de préférence un bandol, à moins que vous ne trouviez une bouteille de vin résiné grec.

PSALLIOTES
CONFITES AU CITRON
ET À LA MENTHE

Pour 4 personnes
Préparation 10 mn - Marinade 6 h - Cuisson 25 mn

600 g de psalliotes (rosés des prés,
ou à défaut des champignons de Paris),
1 jus de citron jaune,
1 jus de citron vert,
1 bouquet de menthe fraîche,
4 cuillerées à soupe de cassonade (sucre roux),
1 verre de vin blanc sec,
sel, poivre et gingembre râpé, selon le goût,
50 g de beurre.

Les psalliotes confites au citron et à la menthe : recette simple
à réaliser en 35 mn, temps de marinade non compris.

PSALLIOTES CONFITES au CITRON et à la MENTHE

Nettoyez les psalliotes ou à défaut les champignons de Paris, si possible sans les laver.

Placez-les dans une terrine.

Saupoudrez-les de sel, de poivre et de gingembre râpé.

Parsemez de feuilles de menthe fraîche.

Arrosez avec le jus de citron jaune, le jus de citron vert et le vin blanc.

Saupoudrez avec la cassonade et laissez mariner 6 heures.

Au bout de ce temps, versez le tout en casserole. Placez sur feu doux et laissez cuire les psalliotes 5 mn.

Sortez-les de la casserole. Egouttez-les et dressez-les sur assiettes que vous réservez au froid.

Pendant ce temps, poursuivez la cuisson de la marinade.

Au bout de 20 mn à feu doux, le mélange est réduit et prend l'aspect d'un sirop léger. Montez alors avec le beurre en tournant la casserole hors du feu. Retirez les feuilles de menthe. Rectifiez l'assaisonnement et nappez sur les champignons.

Dans les automnes prolifiques qui nous offrent des nuages de petits rosés au milieu des prairies, n'oubliez pas cette recette aigre-douce savoureuse et étonnante !

Servir avec un vin blanc très sec qui combattra la suavité du plat.

SALADE GOURMANDE
AUX CHAMPIGNONS

Pour 2 personnes
Préparation 15 mn - Cuisson 3 mn

100 g de champignons de Paris,
100 g de girolles (chanterelles),
1 l de moules de bouchots,
1 avocat,
1 tasse de mayonnaise aux fines herbes,
1 cuillerée à café de baies roses,
1 cuillerée à café de poivre vert.

La salade gourmande aux champignons : recette simple à réaliser en 18 mn.

Grattez les moules. Mettez-les dans un fait-tout sur feu moyen et faites-les ouvrir. Décortiquez-les.

Réservez les chairs dans un bol, au froid.

Nettoyez champignons de Paris et girolles sans les laver. Coupez-les en tranches.

Ouvrez l'avocat en deux. Retirez le noyau.

Prélevez la chair de l'avocat avec une cuiller ronde à pommes parisiennes.

Dans un bol, mélangez la chair d'avocat, les champignons de Paris, les girolles, les moules et la mayonnaise aux fines herbes.

Farcissez de ce mélange les corps d'avocat.

Parsemez avec des baies roses et du poivre vert.

Réservez au réfrigérateur et dégustez frais.

———————

Servir avec un vin blanc d'Alsace frappé.

VELOUTÉ DE LA
SAINT-GEORGES

Pour 4 personnes
Préparation 10 mn - Cuisson 40 mn

400 g de mousserons de la Saint-Georges (tricholomes),
1 l de bouillon de bœuf,
150 g de crème fraîche,
un jus de citron,
2 jaunes d'œufs,
sel, poivre et noix muscade râpée, selon le goût.

Le velouté de la Saint-Georges : recette simple à réaliser en 50 mn.

VELOUTÉ DE LA SAINT-GEORGES

Les mousserons de la Saint-Georges apparaissent sur les marchés durant les mois de mai et juin. Ce sont d'excellents champignons, cotés parmi les 5 meilleures espèces comestibles.

De couleur blanche à l'origine, ils brunissent avec le temps et développent une délicieuse odeur qui évoque celle de la farine. Leur cueillette est assez fréquente dans presque toutes les régions. Ils sont savoureux en omelette, en garniture d'une pièce de viande ou en potage comme ce velouté que nous vous proposons.

Nettoyez les champignons sans les laver. Coupez-les en fines lamelles.

Faites chauffer le bouillon de bœuf et jetez dedans les lamelles de mousserons. Ajoutez le jus de citron. Salez, poivrez et saupoudrez de noix muscade râpée. Réglez le gaz à feu moyen. Couvrez et laissez frémir pendant 30 mn.

Pendant ce temps, fouettez ensemble la crème et les jaunes d'œufs.

Quand les champignons sont cuits, passez-les au mixer avec leur bouillon, puis au chinois en écrasant bien avec une cuiller en bois pour exprimer tous les sucs.

Remettez en casserole, sur feu doux, incorporez la crème battue avec les œufs. Laissez réduire doucement pendant 10 mn.

Rectifiez l'assaisonnement et versez aussitôt en soupière.

Notez que vous pouvez conserver les champignons écrasés qui sont restés dans le chinois et les intégrer à une farce ou même lier une sauce avec.

Servir avec un vin rosé du Béarn.

GRATINÉE AUX CÈPES

Pour 4 personnes
Préparation 15 mn - Cuisson 35 mn

500 g de cèpes frais,
3 oignons,
3 gousses d'ail,
1 verre de vin blanc sec,
1 l de bouillon de poule,
150 g de gruyère râpé,
1 cuillerée à soupe d'huile d'olive,
30 g de beurre,
sel et poivre du moulin, selon le goût.

La gratinée aux cèpes : recette assez simple à réaliser en 50 mn.

GRATINÉE AUX CÈPES

Choisissez des cèpes de Bordeaux ou tête-de-nègre, mais à défaut, vous vous contenterez de bolets de second ordre, surtout si vous les avez cueillis vous-même dans la forêt voisine.

Nettoyez-les sans les laver. Coupez-les en fines lamelles.

Epluchez et hachez oignons et gousses d'ail.

Dans une cocotte, mettez le beurre et l'huile à chauffer sur feu moyen. Versez le hachis d'oignons et d'ail et laissez prendre une belle coloration blonde en tournant sans cesse à la cuiller en bois.

Ajoutez les champignons, puis le vin blanc et le bouillon de poule. Salez et poivrez au moulin.

Cuisez à bons bouillons, à couvert, pendant 20 mn.

A ce moment, baissez à feu doux, découvrez la cocotte et laissez réduire d'un tiers, soit pendant environ 10 mn.

Avec une louche, tranvasez le contenu de la cocotte dans quatre bols à gratinée. Rectifiez l'assaisonnement en fonction du goût de chacun. Parsemez de gruyère râpé et mettez à four très chaud (th. 9 - 270°) pendant 1/4 h. Laissez gratiner 5 mn et dégustez aussitôt.

———————

Servir avec un vin blanc d'Alsace, un riesling, par exemple.

CRESSONNIÈRE DE MOUSSERONS D'AUTOMNE

Pour 4 personnes
Préparation 10 mn - Cuisson 30 mn

400 g de mousserons d'automne (marasmes d'oréades),
1 botte de cresson,
1/2 jus de citron,
1 bouquet de persil,
2 gousses d'ail,
1 l d'eau,
3 cuillerées à soupe de crème fraîche,
60 g de beurre,
sel et poivre, selon le goût.

La cressonnière de mousserons d'automne : recette simple à réaliser en 40 mn.

CRESSONNIÈRE DE MOUSSERONS D'AUTOMNE

On a coutume de nommer mousserons d'automne, faux-mousserons ou tout simplement mousserons, les marasmes (marasmius oreades), petits champignons délicieux qui poussent en ronds de sorcière dans les prairies en même temps que les rosés des prés. Leur chapeau mamelonné, couleur de chamois, de même que leur odeur d'amande amère permet leur identification. Choisissez de préférence les sujets jeunes, à peine ouverts, que l'on baptise alors "boutons de guêtre". Ils sont tendres et d'une saveur délectable.

Lavez les mousserons et débarrassez-les de toutes les herbes et brindilles qui souvent y adhèrent. Si vous avez la patience de les équeuter, ce n'en sera que mieux.

Equeutez également le cresson. Lavez-le et égouttez-le.

Dans une casserole, faites fondre 30 g de beurre à feu doux. Mettez le cresson dedans jusqu'à ce qu'il se ramollisse.

Ajoutez ail et persil hachés puis 1 litre d'eau. Montez le feu. Couvrez et laissez cuire 20 mn.

Passez alors au mixer. Remettez en casserole.

Ajoutez la crème et les mousserons bien égouttés.

Salez, poivrez et citronnez selon votre goût.

Cuisez encore à feu doux 10 mn à découvert.

Rectifiez l'assaisonnement. Ajoutez 30 g de beurre frais et servez aussitôt dans une soupière bien chaude.

Servir avec un sancerre blanc.

ROSÉS DES PRÉS
À L'ESCARGOT

Pour 6 personnes
Préparation 30 mn - Cuisson 10 mn

36 rosés des prés de la taille
d'une coquille d'escargot
de Bourgogne,
36 escargots en conserve
150 g de beurre ramolli,
3 gousses d'ail,
2 petites échalotes,
1 brin de persil,

2 brins de cerfeuil,
1 brin de ciboulette,
3 feuilles d'estragon,
2 feuilles de menthe,
2 feuilles de basilic,
1 pincée de thym frais,
sel et poivre blanc,
selon le goût.

Les rosés des prés à l'escargot : recette simple à réaliser en 40 mn.

Hors saison, remplacez les rosés des prés par leurs cousins germains de culture, les champignons de couche dits de Paris.

Retirez les queues en tournant d'un coup sec. Réservez les queues pour un autre usage comme la préparation d'une duxelles (voir aux pages 19 et 20).

Nettoyez les chapeaux. Blanchissez-les 5 mn à l'eau frémissante salée. Séchez-les soigneusement et rangez-les dans un plat allant au four. Préchauffez le four (th. 8 - 240°).

Préparez le beurre d'escargots en malaxant le beurre ramolli avec un hachis très fin de tous les ingrédients suivants : ail, échalotes, persil, cerfeuil, ciboulette, estragon, menthe et basilic.

Ajoutez une pincée de thym frais. Salez et poivrez à votre convenance.

Déposez une noisette de ce beurre dans chaque chapeau de champignon. Surmontez ce beurre d'un corps d'escargot.

Enfournez pendant 5 mn et dégustez sitôt que le beurre mousse.

Une recette d'escargots dans laquelle même la "coquille" se mange !

Servir avec un muscadet bien frais.

BOUCHÉES AUX AGARICS

Pour 4 personnes
Préparation 15 mn - Cuisson 35 mn

400 g d'agarics assortis
(champignons en lamelles de différentes variétés),
2 cervelles d'agneaux,
100 g de crème fraîche,
1 verre à liqueur de porto,
2 verres de bouillon de poule,
50 g de beurre,
sel et poivre blanc, selon le goût,
4 croûtes de bouchées à la reine.

Les bouchées aux agarics : recette cordon-bleu à réaliser en
50 mn.

BOUCHÉES AUX AGARICS

Tous les champignons à lamelles que vous aurez dans votre panier pourront entrer dans la composition de ce plat, étant entendu, bien sûr, qu'ils auront été formellement identifiés comme comestibles.

Nettoyez-les sans les laver. Hachez-les grossièrement.

Faites fondre le beurre dans une cocotte, à feu assez doux.

Jetez dedans les champignons. Laissez-les dorer 5 mn.

Ajoutez alors le porto et le bouillon de poule. Couvrez et laissez cuire 15 mn.

Pendant ce temps, épluchez les cervelles et blanchissez-les 10 mn à l'eau frémissante salée.

Découpez les cervelles. Préchauffez le four (th. 8 - 240°).

Découvrez la cocotte après les 15 mn de cuisson.

Ajoutez les morceaux de cervelles et la crème fraîche.

Salez et poivrez selon votre goût.

Laissez réduire sur feu doux pendant 10 mn. Rectifiez l'assaisonnement.

Garnissez les croûtes avec cet appareil et enfournez pendant 5 mn.

Dégustez très chaud cette version légère et forestière des très (et presque trop) classiques bouchées à la reine.

———————

Servir avec un bourgogne blanc et pourquoi pas un chablis ?

ŒUFS BROUILLÉS AUX TRUFFES

Pour 2 personnes
Préparation 10 mn - Cuisson 10 mn

6 œufs,
50 g de beurre,
60 g de crème fraîche,
1 boîte de 30 g de truffes,
sel et poivre, selon le goût.

Les œufs brouillés aux truffes : recette cordon-bleu à réaliser
en 20 mn.

ŒUFS BROUILLÉS AUX TRUFFES

Cassez les œufs dans un saladier. Assaisonnez-les avec du sel et du poivre.

Ouvrez la boîte de truffes. Versez le jus de la boîte sur les œufs.

Battez brièvement les œufs avec une fourchette.

Avec la moitié du beurre, graissez généreusement le fond et les parois d'une sauteuse.

Versez les œufs battus dans la sauteuse en les tamisant à travers un chinois ou une passoire fine.

Emincez le plus finement possible les truffes. Il est bon de noter qu'à défaut de truffes entières, des brisures fourniront la même saveur pour un prix plus raisonnable. Seule l'esthétique pourrait avoir à en pâtir. Laissez macérer les lamelles de truffes dans la crème.

Placez la sauteuse sur feu très doux pour éviter le saisissement des œufs. A partir de ce moment, tournez sans cesse à la cuiller en bois et toujours dans le même sens.

Introduisez alors la seconde partie du beurre en petites noisettes. Sitôt que les œufs commencent à épaissir, incorporez la crème contenant les truffes, ce qui ralentit la cuisson et permet une onctuosité parfaite.

Vérifiez l'assaisonnement et servez sitôt que les œufs se présentent sous l'aspect d'un appareil léger et mousseux.

La totalité de ces opérations prendra environ 10 mn.

C'est peu de temps pour préparer l'un des plus grands mets de la création.

———————

Servir avec un champagne rosé frappé.

OMELETTE AUX LENTINUS

Pour 4 personnes
Préparation 5 mn - Trempage 3 h - Cuisson 20 mn

1 sachet de lentinus séchés (champignons parfumés),
2 gousses d'ail,
1 échalote,
3 brins de ciboulette,
60 g de beurre,
1 jus de citron,
7 œufs,
sel et poivre du moulin.

L'omelette aux lentinus : recette simple à réaliser en 25 mn,
temps de trempage non compris.

OMELETTE AUX LENTINUS

Mettez les lentinus à tremper dans un saladier d'eau légèrement tiède. Laissez-les gonfler et se réhydrater pendant 3 h. Egouttez-les.

Dans une poêle, mettez la moitié du beurre, soit 30 g et placez sur feu moyen. Ajoutez l'échalote et l'ail hachés puis les lentinus. Salez et poivrez. Laissez cuire les champignons jusqu'à ce qu'ils aient rendu leur eau de végétation, soit environ 15 mn. Réservez au chaud.

Cassez les œufs dans une terrine assez profonde ou dans un saladier. Salez et poivrez à votre convenance.

Avec un fouet, battez les œufs pour bien mélanger les blancs et les jaunes.

Ajoutez la ciboulette ciselée.

Dans une poêle, mettez le reste du beurre et faites-le fondre à bonne chaleur.

Versez les œufs et laissez cuire en tournant à la spatule en bois. Crevez sans cesse le fond pour que le dessus s'écoule et cuise à son tour.

Sitôt que les œufs commencent à prendre, incorporez les lentinus chauds et servez tandis que l'omelette est encore baveuse.

Les lentinus, champignons parfumés des Chinois donnent un goût puissant à une omelette. Il est intéressant de savoir que les Chinois font des omelettes avec les blancs d'œufs, sans les jaunes. Ce sont les préparations à la "foo-yong".

Servir avec un sauvignon.

CRÊPES AUX TROMPETTES-DES-MORTS

Pour 8 personnes
Préparation 20 mn - Temps de repos de la pâte 2 h -
Cuisson 20 mn + 1 mn 30 par crêpe

200 g de trompettes-des-morts,
200 g de champignons de Paris,
100 g de gruyère râpé,
200 g de crème fraîche,
1 jus de citron,
30 g de beurre,
sel et poivre, selon le goût.

Pour la pâte à crêpes :
200 g de farine,
4 œufs,
30 cl de lait,
2 pincées de sel,
1 trait d'huile,
1 peu de beurre pour les cuire.

Les crêpes aux trompettes-des-morts : recette simple à réaliser
en 1 h 08 mn (16 tournées), temps de repos de la pâte non compris.

CRÊPES AUX TROMPETTES-DES-MORTS

Les trompettes-des-morts, champignons noirs ayant un peu la forme des girolles, autrement nommées "craterelles cornes d'abondance" constituent un excellent condiment. Si leur texture n'est pas merveilleuse, leur saveur, en revanche, puissamment aromatique, évoque la fraîcheur d'un automne dans les bois.

Préparez la pâte à crêpes en mélangeant à froid tous les ingrédients dans un saladier : farine, lait, œufs, sel et huile. Laissez reposer la pâte au moins 2 heures.

Pendant ce temps, nettoyez les trompettes et les champignons de Paris. Mettez-les dans une poêle, sur feu doux, avec le beurre, le jus de citron, du sel et du poivre. Laissez-les cuire 15 mn.

Ajoutez alors la crème fraîche et passez au mixer.

Remettez en casserole. Incorporez le gruyère râpé et cuisez à feu doux encore 5 mn. Réservez au chaud.

Coulez les crêpes à bon feu dans une poêle légèrement beurrée.

Comptez 1 mn 30 par crêpe. Fourrez chaque crêpe avec la farce aux trompettes-des-morts et passez à four très chaud (th. 9-270°) pendant 1 mn avant de déguster.

Servir avec un cidre bouché brut.

TARTE DES QUATRE SAISONS

Pour 6 personnes
Préparation 15 mn - Cuisson 30 mn

1 boîte 2/4 de champignons de Paris,
1 boîte 2/4 de chanterelles,
1 boîte 2/4 de cèpes,
1 boîte 2/4 de morilles,
1 fond de tarte en pâte brisée,
50 g de beurre,
50 g de farine,
100 g de crème fraîche,
sel et poivre, selon le goût.

La tarte des quatre saisons : recette assez simple à réaliser en
45 mn.

TARTE DES QUATRE SAISONS

Abaissez votre pâte.

Foncez un moule à tarte. Piquez la pâte.

A four assez chaud (th. 7 - 210°), précuisez votre pâte à tarte pendant 10 mn.

Dans le même temps, ouvrez vos 4 boîtes 2/4 (demi-boîtes) de champignons. Egouttez séparément les 4 variétés de champignons. Mélangez en revanche les jus.

Dans une casserole, faites un roux avec le beurre et la farine. Mouillez-le avec le jus des champignons. Cuisez doucement jusqu'à ce que le mélange épaississe. Incorporez la crème fraîche.

Salez et poivrez cet appareil.

Sortez le fond de tarte du four. Garnissez-le avec l'appareil et rangez les champignons en quatre zones.

Renfournez en baissant la chaleur (th. 6 - 180°) pendant une vingtaine de minutes.

Dégustez chaud avec une salade verte en accompagnement.

Les morilles du printemps, les chanterelles de l'été, les cèpes de l'automne et les champignons de Paris de l'hiver, cette tarte représente les quatre saisons gourmandes de la vie mycologique.

Servir avec un madiran.

CROÛTES PRINTANIÈRES

Pour 2 personnes
Préparation 10 mn - Cuisson 30 mn

150 g de morilles,
150 g de mousserons de la Saint-Georges,
1 échalote,
50 g de beurre,
1 jus de citron,
50 g de fromage de comté,
1 brin de persil,
50 g de crème fraîche,
sel et poivre, selon le goût,
1 cuillerée à soupe de farine,
4 tranches de pain de campagne.

Les croûtes printanières : recette simple à réaliser en 40 mn.

CROÛTES PRINTANIÈRES

Dans une casserole d'eau bouillante salée, cuisez les morilles et les mousserons de la Saint-georges que vous aurez préalablement nettoyés.

Laissez-les 10 mn, puis égouttez-les.

Coupez-les en deux dans le sens de la longueur.

Hachez l'échalote.

Faites fondre le beurre dans une cocotte et jetez l'échalote dedans. Laissez-la blondir.

Ajoutez les champignons, le jus de citron, du sel et du poivre.

Laissez cuire à feu assez vif pendant 5 mn puis, saupoudrez avec la farine. Ajoutez la crème, le persil haché et le fromage de comté coupé en petits cubes.

Baissez à feu doux et laissez mijoter encore 15 mn. Rectifiez l'assaisonnement.

Pendant ce temps, faites griller les tranches de pain de campagne.

Lorsque les champignons sont cuits et liés par une sauce onctueuse, nappez sur les tranches de pain toastées et régalez-vous aussitôt de ces croûtes aux deux trésors du printemps : la morille et le mousseron.

Servir avec un vin blanc ou rosé du Jura.

TAGLIATELLE À LA PIEMONTAISE

Pour 2 personnes
Préparation 10 mn - Cuisson 10 mn

2 petites truffes blanches (de 10 g chacune),
ou 1 truffe blanche et une truffe noire,
125 g de tagliatelle,
6 feuilles de sauge,
50 g de beurre,
1 cuillerée à café d'huile d'olive,
sel et poivre, selon le goût.

Les tagliatelle à la piémontaise : recette cordon-bleu à réaliser en 20 mn.

TAGLIATELLE À LA PIÉMONTAISE

Les truffes blanches possèdent une saveur très différente de celle des truffes noires. Certains y décèlent un arrière goût d'ail et les classent comme inférieures aux truffes noires du Périgord. En Italie, pourtant, et surtout dans le Piémont d'où elles proviennent souvent, les truffes blanches sont très prisées et traditionnellement dégustées râpées sur un plat de pâtes.

Râpez donc, ou tranchez finement vos truffes. Réservez-les. Réservez également le jus contenu dans les boîtes.

Cuisez les tagliatelle 10 mn dans une casserole d'eau salée additionnée de la cuillerée d'huile d'olive.

Pendant cette cuisson, faites ramollir les feuilles de sauge dans une passoire, au-dessus de la casserole. Lorsque la vapeur les a bien assouplies, hachez-les et malaxez-les avec le beurre, du sel, du poivre et le jus des truffes.

Lorsque les pâtes sont cuites "al dente" et bien égouttées, incorporez le beurre de sauge. Tournez soigneusement et servez aussitôt les tagliatelle parsemées des morceaux de truffes.

Plus qu'un régal, une bénédiction du ciel venue, elle aussi, du pays transalpin.

Servir avec un vin rouge d'Italie, un valpoliccella, de préférence.

RISOTTO AUX VOLVAIRES

Pour 6 personnes
Préparation 10 mn - Cuisson 20 mn

1 boîte 2/4 de volvaires
(volvaria volvacea qui
se trouve dans les grandes
surfaces et les épiceries
de luxe au rayon
des produits exotiques),
350 g de riz brun,
1 oignon,
2 gousses d'ail,

2 cuillerées à soupe de grains
de maïs en conserve,
1 poivron rouge,
1 verre à liqueur de marsala
ou à défaut de porto,
1/2 l de bouillon de bœuf,
70 g de beurre,
100 g de permesan râpé,
sel et poivre, selon le goût.

Le risotto aux volvaires : recette assez simple à réaliser en
30 mn.

RISOTTO AUX VOLVAIRES

Le volvaire se rencontre assez fréquemment dans la nature et les mycologues avertis ne manquent pas de ramasser ce délicieux champignon, cousin des excellentes amanites comestibles. Les Chinois, eux, le cultivent et nous le font parvenir en conserves de très bonne qualité.

Coupez les champignons en 2, vous pourrez de ce fait apprécier la remarquale structure que la nature prévoyante a conféré à cette espèce dans le but de protéger ses lamelles qui sont en fait l'organe reproducteur.

Faites fondre 50 g de beurre dans une cocotte. Faites revenir dedans, à feu moyen, oignon et ail hachés, poivron rouge taillé en fine brunoise et grains de maïs.

Ajoutez le riz. Salez et poivrez. Mouillez avec le marsala. Lorsqu'il s'est évaporé, versez le jus de champignons contenu dans la boîte. Puis le bouillon, verre par verre, en le laissant s'évaporer à chaque fois.

Au bout de 20 mn de cuisson, ajoutez 20 g de beurre et le parmesan râpé. Rectifiez l'assaisonnement et dégustez aussitôt.

Servir avec un chianti rouge plutôt frais.

JARDINIÈRE AUX CHAMPIGNONS DE COUCHE

Pour 4 personnes
Préparation 15 mn - Cuisson 15 mn

300 g de champignons
de couche,
8 oignons blancs,
8 petites pommes de terre
nouvelles,
8 radis roses,
8 carottes nouvelles,

4 gousses d'ail,
100 g de haricots verts,
50 g de petits pois frais,
75 g de beurre,
1 brin d'estragon,
1 jus de citron,
sel et poivre, selon le goût.

La jardinière aux champignons de couche : recette simple à
réaliser en 30 mn.

Epluchez tous les légumes. Lavez-les.

Faites bouillir de l'eau salée.

Plongez les pommes de terre dedans, puis, 5 mn après, les carottes et les champignons.

Après 8 mn de cuisson, ajoutez les oignons, les gousses d'ail, les haricots vert et les radis roses.

Après 10 mn de cuisson, ajoutez enfin les petits pois.

Au bout de 15 mn de cuisson totale, depuis le départ égouttez rapidement les champignons et les légumes. Versez-les dans un plat de service très chaud.

Arrosez-les avec un jus de citron.

Placez le beurre au centre du plat, parsemez d'estragon haché. Salez et poivrez selon votre goût et dégustez immédiatement ce bouquet de printemps.

Servir avec un vin rosé de Touraine.

AUBERGINE FARCIE
À LA JULIENNE DE
GIROLLES

Pour 2 personnes
Préparation 10 mn - Cuisson 35 mn

1 aubergine,
200 g de girolles,
50 g de gruyère râpé,
1 cuillerée à soupe d'huile d'olive,
1/2 jus de citron,
1 pincée de safran,
sel et poivre, selon le goût,
100 g de foies de volaille,
1 cuillerée à café de fleurs de thym.

L'aubergine farcie à la julienne de girolles : recette assez simple à réaliser en 45 mn.

AUBERGINE FARCIE à la JULIENNE de GIROLLES

Découpez les foies de volaille en lamelles et passez-les 5 mn dans une poêle anti-adhésive à feu modéré. Salez et poivrez.

Nettoyez les girolles et taillez-les en julienne.

Faites bouillir une casserole d'eau salée et plongez-y l'aubergine pendant 20 mn.

Séchez-la et partagez-la en deux dans le sens de la longueur.

A l'aide d'une petite cuiller, raclez la chair des deux parties sans entamer la peau.

Mettez cette chair dans un bol. Ecrasez-la à la fourchette.

Versez l'huile d'olive, le citron, le safran, le thym, le sel et le poivre et mélangez bien le tout à la chair d'aubergine.

Incorporez ensuite la julienne de girolles et les foies de volailles.

Farcissez les demi-aubergines de cet appareil et parsemez de gruyère râpé.

Enfournez à four chaud (th. 8-240°) pendant 10 mn.

Présentez très chaud avec une salade mélangée et si possible, du mesclun.

Servir avec un rosé de Bandol très frais.

CIVET DE CHAMPIGNONS

Pour 6 personnes
Préparation 15 mn - Cuisson 30 mn

1 kg de champignons de Paris,
200 g de carottes,
150 g de petits oignons,
2 échalotes,
1 brin d'estragon,
1/2 l de vin rouge,
100 g de beurre,
1 tasse de jus de viande,
sel et poivre, selon le goût.

Le civet de champignons : recette simple à réaliser en 45 mn.

CIVET DE CHAMPIGNONS

Nettoyez les champignons. Coupez-les en lamelles.

Epluchez carottes, oignons et échalotes.

Hachez finement les échalotes et l'estragon.

Faites chauffer la moitié du beurre (50 g) dans une cocotte, sur feu moyen.

Jetez dedans le hachis d'échalotes et d'estragon.

Laissez prendre couleur et ajoutez les champignons émincés.

Laissez encore dorer 5 mn. Ajoutez les carottes. Salez et poivrez.

Versez le vin rouge. Couvrez et laissez cuire 15 mn.

A ce moment, ajoutez les oignons. Découvrez et laissez réduire jusqu'à ce que le vin soit presque évaporé, soit une dizaine de minutes.

Ajoutez alors le jus de viande et le reste du beurre.

Rectifiez l'assaisonnement. Donnez encore un tour de bouillon et servez aussitôt sur assiettes chaudes.

Un ragoût économique dans lequel les champignons riches en protéines remplacent agréablement la viande.

Ce "civet" peut évidemment se réaliser plus savoureusement encore avec des champignons sauvages cueillis tout frais dans la forêt. Mais ce privilège est malheureusement réservé à quelques initiés à la mycophagie.

———————

Servir avec le vin rouge de la sauce, par exemple un cahors.

MARASMES
"FAUX MOUSSERONS"
AUX CREVETTES

Pour 4 personnes
Préparation 15 mn - Cuisson 10 mn

600 g de marasmes "faux mousserons",
300 g de crevettes roses,
50 g de beurre,
1/2 jus de citron,
2 cuillerées à soupe de sauce de soja,
2 gousses d'ail,
2 pincées de gingembre râpé,
1 cuillerée à soupe d'huile de noix,
sel et poivre, selon le goût.

Les marasmes "faux mousserons" aux crevettes : recette simple à réaliser en 25 mn.

MARASMES "FAUX MOUSSERONS" aux CREVETTES

Les marasmes sont d'excellents petits champignons dont nous avons déjà parlé (voir page 38).

Lavez-les et débarrassez-les de toutes les herbes, mousses et brindilles qui y adhèrent. Equeuttez les sujets les plus gros.

Décortiquez les crevettes roses.

Faites fondre le beurre dans une poêle.

Jetez dedans les marasmes.

Ajoutez les crevettes décortiquées.

Arrosez avec la sauce de soja, l'huile de noix, le jus de citron, l'ail finement haché, le gingembre râpé, du sel et du poivre.

Laissez cuire 10 mn à feu assez doux en remuant souvent avec une cuiller en bois.

Servez très chaud ce plat aux senteurs sublimes, accompagné de tartines de pain de campagne au beurre salé.

———————

Servir avec un gros-plant du pays nantais.

FRICASSÉE DES FORÊTS ET DES RIVAGES

Pour 4 personnes
Préparation 10 mn - Cuisson 25 mn

1 boîte de champignons mélangés (mélange sylvestre),
12 langoustines,
12 asperges vertes,
4 anchois allongés,
1 gousse d'ail,
1/2 jus de citron,
80 g de beurre,
sel et poivre, selon le goût.

La fricassée des forêts et des rivages : recette cordon-bleu à réaliser en 35 mn.

FRICASSÉE DES FORÊTS ET DES RIVAGES

Faites bouillir de l'eau salée et plongez 8 mn les asperges dedans. Retirez les asperges, égouttez-les et plongez à leur tour les langoustines pendant 1 mn 30.

Refroidissez aussitôt les langoustines. Décortiquez-les et réservez les queues, ainsi que les pointes des asperges.

Malaxez le beurre avec les anchois écrasés, la gousse d'ail finement pilée, le jus de citron, du sel et du poivre.

Ouvrez la boîte de champignons mélangés. Ces champignons se trouvent dans la plupart des rayons épicerie des grandes surfaces et sont souvent vendus sous le nom de mélange sylvestre. Il est composé de nombreuses variétés de champignons de second ordre mais dont l'assortiment fournit une agréable gamme de saveurs. Egouttez les champignons.

Faites fondre le beurre d'anchois dans une sauteuse à feu doux. Mettez les champignons dedans et laissez-les dorer 5 mn.

Ajoutez alors le jus contenu dans la boîte. Montez le feu et laissez cuire 10 mn jusqu'à réduction de la sauce.

Rectifiez alors l'assaisonnement et dressez sur assiettes chaudes, accompagné des asperges et des queues de langoustines.

Servir avec un pouilly fumé ou un sancerre blanc.

SAUMON AUX GIROLLES

Pour 2 personnes
Préparation 10 mn - Cuisson 10 mn

250 g de girolles,
400 g de saumon frais,
1 jus de citron,
1 brin d'estragon,
2 cuillerées à soupe d'huile,
sel et poivre, selon le goût.

Le saumon aux girolles : recette assez simple à réaliser en 20 mn.

SAUMON AUX GIROLLES

Faites tailler par votre poissonnier deux belles escalopes de saumon de 200 g chacune.

Nettoyez soigneusement les girolles.

Badigeonnez le saumon et les girolles d'huile.

Salez et poivrez les escalopes de saumon ainsi que les girolles.

Dans une poêle anti-adhésive, déposez les escalopes de saumon, côté peau et placez sur feu moyen.

Répartissez les girolles autour des tranches de poisson.

Laissez la cuisson se faire progressivement dans le saumon.

Ne retournez jamais le saumon qui va cuire unilatéralement et présenter un merveilleux dégradé depuis le grillé en bas, jusqu'au cru, en haut.

Remuez par contre les champignons délicatement avec une cuiller en bois. La cuisson prendra environ 10 mn.

Lorqu'il ne reste plus que deux ou trois millimètres de saumon cru sur le dessus, arrosez avec le jus de citron.

Salez et poivrez de nouveau et parsemez de feuilles d'estragon.

Dressez aussitôt sur assiettes chaudes et dégustez ce plat extraordinaire par sa délicatesse, son raffinement et sa simplicité.

———————

Servir avec un vin blanc de Bourgogne, de préférence un meursault.

OREILLES DE JUDAS
AUX MAQUEREAUX

Pour 4 personnes
Préparation 5 mn - Trempage 4 h - Cuisson 12 mn

2 sachets d'oreilles de judas séchées
(champignons noirs que l'on trouve dans les rayons
de produits exotiques),
1 barquette de groseilles ou de groseilles à maquereaux,
3 cuillerées à soupe d'huile d'arachide,
2 cuillerées à soupe de vinaigre de cidre,
2 cuillerées à soupe d'huile d'olive,
sel et poivre, selon le goût,
4 maquereaux.

Les oreilles de judas aux maquereaux : recette très simple à
réaliser en 17 mn, temps de trempage non compris.

OREILLES DE JUDAS AUX MAQUEREAUX

Faites tremper les oreilles de Judas pendant 4 heures dans une eau légèrement tiédie.

Lavez-les ensuite à plusieurs eaux pour éliminer toutes les particules de bois qui adhèrent après. En effet, ce champignon très prisé en Extrême-Orient, est un parasite qui pousse le long des troncs d'arbres en immenses colonies.

Dans une poêle, faites chauffer à feu moyen l'huile d'arachide.

Egouttez les champignons et jetez-les dans la poêle.

Salez-les et poivrez-les. Laissez-les cuire 10 mn en les retournant de temps à autre avec une cuiller en bois pour éviter qu'ils n'attachent.

Pendant ce temps, cuisez vos maquereaux quelques minutes à la vapeur.

Egrenez les groseilles et mettez-les dans un bol.

Versez dessus un mélange composé de l'huile d'olive, du vinaigre de cidre, de sel et de poivre.

Lorsque les maquereaux sont cuits, dressez-les sur assiettes chaudes.

Versez alors la vinaigrette aux groseilles dans les champignons. Laissez chauffer 2 mn et servez en garniture des maquereaux.

Une salade tiède aux champignons amusante et économique.

Servir avec un entre-deux-mers.

PLEUROTES À
L'AILERON DE RAIE

Pour 4 personnes
Préparation 15 mn - Cuisson 15 mn

600 g de pleurotes,
800 g d'aileron de raie,
120 g de beurre,
2 jus de citron,
2 brins de ciboulette,
2 brins de persil,
sel et poivre, selon le goût.

Les pleurotes à l'aileron de raie : recette simple à réaliser en
30 mn.

PLEUROTES À L'AILERON DE RAIE

Faites couper 4 portions d'aileron de raie par votre poissonnier.

Dans une large marmite, faites chauffer de l'eau très salée. Réduisez le feu de manière à maintenir un léger frémissement et cuisez les portions d'aileron de raie pendant 5 mn.

Egouttez le poisson. Pelez-le avec soin et retirez tous les cartilages et les arêtes avec une pince à épiler. Réservez au chaud.

Nettoyez rapidement les pleurotes. En général ils sont rarement souillés et peuvent se cuire tel quel.

Faites fondre 20 g de beurre dans une poêle.

Jetez les pleurotes dedans et faites-les sauter 10 mn en les retournant souvent à la cuiller en bois. Ils doivent atteindre une belle coloration bronzée. Salez et poivrez.

Pendant la cuisson des champignons, faites fondre le reste du beurre dans une casserole. Ajoutez les jus de citron, un hachis de ciboulette et persil. Salez et poivrez énergiquement.

Dressez le poisson et les pleurotes sur assiettes chaudes.

Nappez aussitôt avec le beurre fondu au citron que vous aurez juste chauffé, mais en aucun cas laissé brunir.

Les goûts de la raie et des pleurotes se marient aussi bien que leur esthétique, un pleurote ayant à l'évidence l'apparence, en modèle réduit, d'un aileron de raie.

Servir avec un vin blanc des côtes-du-Rhône.

CHANTERELLES AU GOÛT FUMÉ

Pour 4 personnes
Préparation 10 mn - Marinage 1 h - Cuisson 20 mn

1 filet de haddock de 800 g,
1 kg de chanterelles (girolles),
1 verre de lait,
1 verre d'eau,
1 verre de vin blanc sec,
1 pincée de curry,
poivre, selon le goût,
20 g de beurre.

Les chanterelles au goût fumé : recette simple à réaliser en 30 mn, temps de marinage non compris.

CHANTERELLES AU GOÛT FUMÉ

Nettoyez les chanterelles sans les laver. Réservez-les.

Déposez le filet de haddock dans une terrine.

Mélangez le lait, l'eau et le vin blanc. Ajoutez la pincée de curry à ce mélange. Poivrez selon votre goût, mais de préférence assez énergiquement. Pas de sel, puisque le haddock en contiendra suffisamment.

Versez sur le haddock et laissez mariner 1 h au frais, recouvert d'un linge.

Transvasez ensuite la marinade dans une grande casserole. Portez sur feu doux à petits frémissements.

Faites cuire le haddock 5 mn dans sa marinade. Surveillez attentivement la cuisson. Le haddock est un poisson qui se cuit très peu et parfois, selon l'intensité du feu, 3 mn peuvent suffire.

Sitôt que le poisson est cuit, réservez-le. Réservez aussi le jus de cuisson.

Dans une poêle, faites chauffer le beurre.

Jetez les chanterelles dedans et, à feu doux, faites-les sauter 5 mn.

Versez alors la marinade de cuisson du haddock dans la poêle. Laissez cuire jusqu'à évaporation complète du liquide, soit 10 bonnes minutes.

Les chanterelles auront alors pris un extraordinaire goût fumé. Vous pouvez les consommer avec le haddock ou lors d'un autre repas, nature ou en omelette.

———————

Servir avec un pouilly, fumé aussi, naturellement.

RACLETTE DES PRÉS ET DES BOIS

Pour 10 personnes
Préparation 20 mn - Cuisson 10 mn
+ 3 mn par tournée de raclette

1,5 à 2 kg de reblochon,
1,5 kg de champignons assortis
(champignons de Paris, morilles, cèpes, mousserons,
chanterelles, conviennent très bien),
50 g de beurre,
1 filet de vinaigre de vin,
poivre du moulin et sel, éventuellement.

La raclette des prés et des bois : recette très simple à réaliser en 30 mn.

Nettoyez soigneusement les champignons.

Faites chauffer le beurre dans une sauteuse et jetez les champignons dedans. Ajoutez le filet de vinaigre. Laissez-les rendre leur eau, puis évaporez cette eau, sur feu assez doux.

Ne cuisez guère les champignons plus de 10 mn, sauf s'il s'agit de morilles que vous pouvez cuire 10 mn de plus.

Réservez les champignons dans des ramequins en séparant si possible les espèces les unes des autres.

Goûtez le reblochon. S'il est assez salé, oubliez la salière. Mais laissez le moulin à poivre sur la table.

Branchez l'appareil à raclette. Pour cette recette, un appareil du type raclette-gril est indispensable.

Dans chaque coupelle, placez un morceau de reblochon dépourvu de sa croûte. Faites fondre 1 mn. Puis chaque convive parsème le fromage du champignon de son choix et le refait chauffer 2 mn. Lorsque le fromage mousse, un tour de poivre suffit à faire de cette recette une merveille de saveur.

Accompagnez ce plat avec de la charcuterie de montagne.

———————

Servir avec un vin blanc de Savoie, une roussette, par exemple.

LAPEREAU AUX CHAMPIGNONS

Pour 4 personnes
Préparation 10 mn - Cuisson 30 mn

1 kg de champignons sauvages assortis,
1 lapereau,
80 g de beurre,
2 cuillerées à soupe de moutarde,
120 g de crème fraîche,
1 brin de romarin,
1 brin de ciboulette,
sel et poivre blanc, selon le goût.

Le lapereau aux champignons : recette cordon-bleu à réaliser en 40 mn.

LAPEREAU AUX CHAMPIGNONS

Nettoyez les champignons sans les laver, sauf s'ils sont par trop terreux.

Mettez-les dans une poêle avec 30 g de beurre et sur feu doux faites-leur rendre leur eau de végétation. Ajoutez du sel, du poivre et de la ciboulette ciselée. Baissez le feu et laissez doucement l'eau de végétation s'évaporer.

Pendant ce temps, vous aurez découpé le lapereau.

Salez et poivrez les morceaux de lapereau et tartinez-les de beurre.

Dans une sauteuse, à feu moyen, faites-les dorer.

Mélangez la crème et la moutarde et ajoutez au lapereau.

Placez alors à four chaud (th. 7 - 210°) couvert d'un double papier d'aluminium. Laissez cuire encore 25 mn.

Rectifiez l'assaisonnement du lapereau et parsemez sa sauce de feuilles de romarin.

Dressez avec les champignons sauvages et savourez un mets d'exceptionnelle délicatesse.

Servir avec un vin rouge de Bordeaux, un graves, par exemple.

CÔTES DE VEAU
AUX MORILLES

Pour 2 personnes
Préparation 10 mn - Cuisson 30 mn

400 g de morilles,
2 côtes de veau,
1 rognon de veau,
30 g de beurre,
sel et poivre, selon le goût,
100 g de crème fraîche (facultatif).

Les côtes de veau aux morilles : recette cordon-bleu à réaliser en 40 mn.

CÔTES DE VEAU AUX MORILLES

Disons-le tout de suite, il s'agit bien là d'une des recettes les plus sublimes qui se puissent concevoir.

Reconnaissons aussi qu'on se doit de la réserver pour les grandes occasions, eu égard aux ingrédients coûteux qui la composent.

Sur feu assez vif, faites fondre le beurre dans une poêle à fond épais.

Déposez les côtes de veau et laissez-les dorer 2 mn par face en salant et poivrant de chaque côté. Retirez-les et réservez-les au chaud à l'entrée du four (th. 3).

Nettoyez soigneusement les morilles.

Pendant ce temps, dans la cuisson des côtes de veau, cuisez le rognon émincé en tranches épaisses d'un bon centimètre. Salez et poivrez. Au bout de 5 mn, retirez et réservez avec les côtes de veau.

Dans la même poêle, mettez les morilles. Baissez le feu et laissez les morilles rendre leur eau de végétation. Salez et poivrez et laissez encore l'eau s'évaporer. Cela prendra environ 15 mn.

Remettez alors côtes de veau et rognon dans la poêle.

Couvrez et laissez réchauffer 5 à 6 mn.

Dressez immédiatement sur assiettes chaudes et régalez-vous de ce plat royal.

A noter que certains préfèrent crémer ce plat. Dans cette optique, versez la crème au moment où presque toute l'eau de végétation s'est évaporée et prolongez quelque peu la cuisson pour réduire la crème.

Servir avec un grand vin blanc de Bourgogne, un montrachet de préférence.

MUSHROOM BURGER

Pour 4 personnes
Préparation 15 mn - Cuisson 3 mn

250 g de champignons de Paris,
250 g de viande de bœuf hachée,
1 oignon,
2 gousses d'ail,
1 brin de persil,
120 g de gruyère râpé,
6 cuillerées à soupe de ketchup,
6 cuillerées à soupe de crème fraîche,
4 feuilles de salade,
4 petits pains à hamburger,
sel et poivre, selon le goût.

Le mushroom burger : recette très simple à réaliser en 18 mn.

MUSHROOM BURGER

Nettoyez les champignons de Paris. Hachez-les.

Pelez et hachez oignon et ail.

Ciselez le persil.

Malaxez le hachis de champignons, d'oignon, d'ail et de persil avec la viande hachée. Moulez en forme de steaks ronds.

Salez et poivrez selon votre goût.

Ouvrez vos petits pains à hamburger. Tartinez chaque face intérieure d'un mélange de crème et de ketchup.

Sur la tranche du bas, déposez, pour chaque mushroom burger, 1 feuille de salade bien lavée et égouttée, un steak haché. Complétez avec du gruyère râpé. Couvrez.

Passez sous le gril très chaud (th. 9 - 270°) pendant environ 3 mn.

Servez chaud et mangez avec les doigts.

Une version allégée du classique hamburger.

Les végétariens authentiques peuvent fourrer leur burger d'un hachis d'oignon, d'ail, de champignons et de fromage râpé, en augmentant les proportions de ces ingrédients et en supprimant purement et simplement la viande.

———————

Servir avec un "coke" ou n'importe quelle boisson "branchée".

CHAPEAUX DE CHAMPIGNONS AU GRIL

Pour 4 personnes
Préparation 10 mn - Marinage 2 h - Cuisson 5 mn

8 à 12 chapeaux de champignons, selon leur taille
(chapeaux de cèpes, lactaires sanguins ou psalliotes),
1 tasse d'huile d'olive,
2 jus de citron vert,
4 gousses d'ail,
1 brin d'estragon,
1 brin de cerfeuil,
1 trait de pastis,
sel, poivre et safran, selon le goût.

Les chapeaux de champignons au gril : recette simple à réaliser
en 15 mn, temps de marinage non compris.

CHAPEAUX DE CHAMPIGNONS AU GRIL

Choisissez des chapeaux de la taille d'une demi-main.

Les cèpes conviennent parfaitement, mais aussi les lactaires sanguins, les lactaires délicieux, les lépiotes élevées, certaines russules comme la charbonnière ou le palomet et, bien entendu, les grands rosés des prés (psalliotes) ou même les champignons de Paris de gros gabarit.

Préparez la marinade en mélangeant huile d'olive, jus de citron vert, ail finement haché, estragon et cerfeuil ciselés, sel, poivre et safran.

Ajoutez 1 trait de pastis. Mélangez bien. Versez dans une terrine et mettez à mariner les chapeaux de champignons soigneusement nettoyés.

Laissez mariner 2 h.

Passez alors les chapeaux bien imbibés 5 mn au gril ou au barbecue.

Marquez-les au départ en faisant se croiser les striures du gril par une rotation d'un quart de tour des champignons, puis finissez de les cuire protégés par une feuille d'aluminium, sinon, ils risquent de noircir.

Le temps de cuisson ne peut être fourni avec précision et vous devez montrer une certaine vigilance.

———————

Servir avec un tavel rosé très frais.

BEIGNETS DE CHAMPIGNONS ASSORTIS

Pour 4 personnes
Préparation 15 mn - Cuisson 2 mn par tournée

1 kg de champignons assortis (pouvant se manger crus), 2 œufs, 1 bol d'eau glacée, 1 tasse de farine, 4 cuillerées à soupe d'huile d'olive, 4 cuillerées à soupe d'huile d'arachide, 3 cuillerées à soupe de vinaigre de cidre (ou de miel), 1 cuillerée à café de moutarde forte, 2 brins de ciboulette, 1 cuillerée à café de poivre rose (baies roses d'un térébinthe), sel et poivre, selon le goût, Une bassine d'huile de friture.

Les beignets de champignons assortis : recette assez simple à réaliser en 23 mn (4 tournées).

BEIGNETS DE CHAMPIGNONS ASSORTIS

Choisissez des champignons de taille moyenne et dans des espèces pouvant se consommer crues. En effet, la faible cuisson de ces champignons est l'une des conditions de l'excellence de ce plat.

Les jeunes cèpes, les girolles, les champignons de Paris, les jeunes coprins et les rosés des prés, nous paraissent les plus recommandables. Plus vous réunirez de variétés sur la table, meilleure sera la recette.

Nettoyez soigneusement les champignons, sans les laver.

Préparez la pâte en battant vivement les œufs dans l'eau glacée puis en incorporant la farine tamisée. Fouettez pour qu'aucun grumeau ne se forme.

Faites chauffer la bassine d'huile.

Trempez chaque champignon d'abord dans la pâte légère, puis dans l'huile très chaude. Laissez cuire 2 mn et égouttez sur un papier absorbant.

Dégustez ces beignets frais et juteux de tous les sucs des prés et des forêts avec une vinaigrette constituée des deux huiles, du vinaigre, de la moutarde, de sel et de poivre, le tout bien mélangé et parsemé de ciboulette hachée et de poivre rose.

———————

Servir avec un vin blanc de Graves.

BROCHETTE AUX
2 TRUFFES À LA ROUILLE
TURINOISE

Pour 2 personnes
Préparation 10 mn - Cuisson 10 mn

3 petites truffes noires,
3 petites truffes blanches,
2 jaunes d'œufs,
4 cuillerées à soupe d'huile d'olive,
2 pincée de safran,
1/2 cuillerée à café de concentré de tomates,
sel et poivre de Cayenne, selon le goût,
1 brin de ciboulette.

La brochette aux 2 truffes à la rouille turinoise : recette cordon-bleu à réaliser en 20 mn.

BROCHETTE aux 2 TRUFFES à la ROUILLE TURINOISE

Choisissez des truffes en boîte de très petite taille.

Egouttez-les et réservez le jus de chacune des boîtes.

Sur une petite pique de bois, embrochez les truffes en alternant les couleurs. Entourez-les de papier d'aluminium et passez-les 10 mn à four chaud (th. 8-240°).

Pendant ce temps, montez en moyonnaise les 2 jaunes d'œufs avec l'huile d'olive.

Lorsque le mélange est bien ferme, incorporez le concentré de tomates délayé avec le jus des 2 boîtes de truffes.

Ajoutez le safran, le sel et le poivre de Cayenne, dosés selon votre goût.

Parsemez de ciboulette et présentez cette rouille dépourvue d'ail, mais parfumée à la truffe, nappée sur la brochette aux 2 truffes.

Un plat aux fins produits des Alpes, les truffes noires de la Drôme et les truffes blanches du Piémont.

———————————

Servir avec un vin rouge de Savoie, de préférence une mondeuse.

BROCHETTES DE CHAMPIGNONS

Pour 4 personnes
Préparation 15 mn - Marinage 2 h - Cuisson 10 mn

200 g de cèpes,
200 g de chanterelles (girolles),
200 g de champignons de Paris,
1 poivron vert, 1 poivron rouge,
200 g de bacon, 1 jus de citron,
1 verre d'huile d'olive,
2 verres de vin blanc,
2 cuillerées à soupe de coriandre fraîche,
2 cuillerées à soupe de fenouil frais,
sel, poivre et paprika, selon le goût.

Les brochettes de champignons : recette simple à réaliser en 25 mn, temps de marinage non compris.

BROCHETTES DE CHAMPIGNONS

Nettoyez les champignons.

Mélangez le jus de citron, l'huile d'olive, le vin blanc, la coriandre et le fenouil hachés, du sel, du poivre et du paprika, selon le goût.

Faites mariner 2 h les champignons dans cette préparation, au frais, recouverts d'un linge.

Dans la marinade, faites également macérer les poivrons coupés en tranches et le bacon émincé.

Sur des petites piques de bois, embrochez ensuite les champignons en les alternant et en intercalant des morceaux de poivron vert, de poivron rouge et de bacon.

Faites griller 10 mn au barbecue en retournant souvent et en protégeant des flammes grâce à une feuille d'aluminium.

Présentez avec une salade verte et un peu de beurre fondu parfumé aux herbes fraîches du jardin.

Servir avec un listel rosé très frais.

TRUFFE
SOUS LA CENDRE

Pour 1 ou 2 personnes
Préparation 10 mn - Cuisson 30 mn

1 truffe de 50 g,
1 fine tranche de lard maigre,
20 g de beurre,
30 g de crème fraîche,
1 cuillerée à café de cognac,
1 cuillerée à café de porto,
1 brindille d'aneth,
1 pluche de cerfeuil,
1 pincée de safran,
sel et poivre du moulin, selon le goût.

La truffe sous la cendre : recette cordon-bleu à réaliser en 40 mn.

TRUFFE SOUS LA CENDRE

La truffe est un joyau. C'est un champignon si fabuleux, si exceptionnel que c'est presque un crime de ne pas le manger avec parcimonie et discrétion.

Ce crime, nous allons le commettre ensemble !

Une truffe de 50 g convient pour un gourmand solitaire, mais pourra se partager entre deux amoureux... de la bonne chère.

Ne le cachons pas, une truffe en boîte de 50 g coûtera environ le prix de 2 kg de filet de bœuf. Mais un jour de folie nous oserons gravir les sommets de la délectation.

Dans un papier d'aluminium constitué de deux épaisseurs, mettez la crème fouettée avec le cognac et le porto, et parfumée de safran.

Entourez la truffe d'une fine tranche de lard maigre.

Déposez-la dans la crème. Ajoutez un morceau de beurre, 1 brindille d'aneth, 1 pluche de cerfeuil. Salez et poivrez à votre convenance.

Refermez hermétiquement l'aluminium pour composer une papillote étanche.

Placez cette papillote dans les cendres d'un barbecue ou d'une cheminée. Laissez 30 mn. Posez sur assiette. Incisez la papillote. Humez longuement avant de déguster.

———

Servir avec un grand sauternes glacé.

Index alphabétique

Achevé d'imprimer le 31 octobre 1984
sur les presses des
IRL Imprimeries Réunies Lausanne S.A. (Suisse),

Imprimé en Suisse